PARAMAHANSA YOGANANDA

(1893 – 1952)

PARAMAHANSA YOGANANDA

SIELUN PYHÄKÖSSÄ

JOHDATUS RUKOUKSEN VOIMAAN

TIETOA KIRJASTA: Tämä teos koostuu katkelmista, jotka on poimittu Paramahansa Yoganandan kirjoituksista, luennoista ja puheista. Ne on julkaistu alkuaan englanniksi hänen kirjoissaan, Self-Realization -lehdessä, jonka hän perusti 1925, hänen kolmessa puhe- ja kirjoitusantologiassaan sekä muissa Self-Realization Fellowship -järjestön julkaisuissa.

Englanninkielinen alkuteos: *In the Sanctuary of the Soul*, julkaissut *Self-Realization Fellowship*, Los Angeles, Kalifornia

ISBN-13: 978-0-87612-171-9
ISBN-10: 0-87612-171-7

Suomentanut Self-Realization Fellowship
Copyright © 2013 Self-Realization Fellowship

Kaikki oikeudet pidätetään. Lukuun ottamatta lyhyitä kirja-arvioinneissa käytettäviä lainauksia mitään osaa kirjasta *Sielun pyhäkössä (In the Sanctuary of the Soul)* ei saa jäljentää, varastoida, välittää tai esittää missään muodossa eikä millään nykyään tunnetulla tai myöhemmin käyttöön otettavalla menetelmällä (sähköisesti, mekaanisesti tai muuten) – mukaan lukien valokopiointi, äänittäminen, tietojen tallennus- ja tulostusmenetelmät – ilman ennalta pyydettyä lupaa osoitteesta: Self-Realization Fellowship, 3880 San Rafael Avenue, Los Angeles, California 90065–3219, U.S.A.

 Self-Realization Fellowship -järjestön Kansainvälisen julkaisuneuvoston hyväksymä

Self-Realization Fellowship -nimi ja yllä nähtävä tunnus esiintyvät kaikissa SRF-kirjoissa, äänitteissä ja muissa julkaisuissa varmistamassa, että ne ovat Paramahansa Yoganandan perustaman järjestön tuottamia ja seuraavat uskollisesti hänen opetuksiaan.

Ensimmäinen suomenkielinen *Self-Realization Fellowshipin*
tuottama painos 2013
First edition in Finnish from Self-Realization Fellowship, 2013

ISBN-13: 978-0-87612-380-5
ISBN-10: 0-87612-380-9

1638-J2230

SISÄLLYS

Esipuhe VII

Osa I
RUKOUS ON SIELUN VAATIMUSTA 1

Osa II
SISÄINEN KESKITTYMINEN: VARSINAISEN
RUKOUKSEN ESINÄYTÖS 33

Osa III
SELVITÄ, MINKÄ PUOLESTA RUKOILET 55

Osa IV
LUO ITSELLESI SELVÄ KÄSITYS JUMALASTA ... 69

Osa V
RUKOILE DYNAAMISELLA
TAHDONVOIMALLA 77

Osa VI
PALAA SISÄISEEN PYHÄKKÖÖSI 93

ESIPUHE

Kirjoittanut Sri Daya Mata (1914–2010)
Self-Realization Fellowship [1] -järjestön sekä Intian Yogoda
Satsanga Societyn kolmas presidentti ja hengellinen johtaja

Tapasin Paramahansa Yoganandan vuonna 1931, kun hän oli tullut kotikaupunkiini Salt Lake Cityyn pitämään luentoja ja oppitunteja. Tuo kohtaaminen muutti perusteellisesti elämäni.

Vaikka olin teini-ikäinen, etsin jo hengellisiä vastauksia. Olin kuunnellut monien kirkonmiesten saarnoja, mutta sydämeni ei ollut löytänyt tyydytystä. "Kaikki puhuvat Jumalasta, mutta onko olemassa ketään, joka todella tuntee Hänet?"

---

[1] Kirjaimellisesti 'Itse-oivalluksen yhteisö'. Paramahansa Yogananda on selittänyt, että Self-Realization Fellowship -nimi merkitsee yhteyttä Jumalan kanssa Itse-oivalluksen avulla ja ystävyyttä kaikkien totuutta etsivien sielujen kanssa.

Astuessani sisään täpötäyteen saliin, jossa Paramahansa Yogananda puhui, hänen olemuksestaan säteilevä hengellinen ylevyys, voima ja rakkaus vakuuttivat minut välittömästi – olemukseni ytimiä myöten – että hän oli löytänyt Jumalan ja voisi ohjata minut Hänen luokseen.

Eräänä iltana hän puhui uskosta ja tahdonvoimasta. Kuunnellessani häntä hän innoitti minua niin, että tunsin ehdottomasti: Jumalaan uskomalla on mahdollista siirtää vuoria.

Kun luento oli päättynyt, jäin odottamaan tervehtiäkseni häntä. Olin kärsinyt melko pitkään vaikeasta verenmyrkytyksestä, joka vaivasi koko kehoani. Se johtui oppikoulussa sattuneesta onnettomuudesta, eivätkä lääkärit pystyneet löytämään siihen parannusta. Keskustelumme aikana Paramahansa Yogananda sanoi minulle äkkiä: "Uskotko, että Jumala voi parantaa sinut?" Hänen silmistään loisti jumalallinen voima.

Vastasin: "*Tiedän,* että Jumala voi parantaa minut."

Hän kosketti minua siunaten otsaan. Sitten hän sanoi: "Tästä päivästä lukien olet parantunut. Viikon kuluessa arpesi ovat hävinneet." Ja täsmälleen niin tapahtui. Viikossa ongelma selkiintyi eikä ole koskaan uusinut.

Paramahansa Yoganandalle Jumalan rukoileminen ja usko eivät olleet toiveajattelua tai uskomusta ilman kokemuksen tuomaa varmistusta. Hänen lähestymistapansa rukoukseen oli tieteellinen, sellainen joka tuottaa suoranaisia tuloksia, välitöntä kokemista. Hän opetti tuhansille ympäri maailmaa hengellistä tiedettä – joogaa, sielun tiedettä – menetelmiä, joiden avulla jokainen sielu voi kokea olevansa yhtä Jumalan kanssa.[2]

"Ole hiljaa ja tiedä, että Minä olen Jumala." Nämä Psalmien sanat ilmaisevat joogan tarkoituksen. Siinä sisäisessä hiljaisuudessa, jonka syvä meditaatio luo, jokainen voi löytää henkilökohtaisen

---

[2] Self-Realization Fellowship -järjestöltä saa tilata näitä Paramahansa Yoganandan opettamia tieteellisiä meditaatiotekniikoita kirjesarjoina, joita opiskellaan kotona.

yhteyden Jumalaan. Silloin rukouksesta tulee tosiaan dynaamista: läheistä ja rakastavaa vuorovaikutusta sielun ja sen Luojan välillä sisäisen pyhäkön hiljaisuudessa.

Paramahansa Yoganandan monet teokset ja hänen kootut esitelmänsä ja kirjoituksensa sisältävät paljon opetusta siitä, kuinka rukouksen saa vaikuttamaan. Tähän pieneen teokseen olemme koonneet edustavan näytteen aiheesta. Ne, jotka ovat vasta astumassa sisäiseen Hengen elämään, löytävät kannustusta ja opastusta, mistä aloittaa. Niitä, jotka ovat jo sisällyttäneet rukouksen ja meditaation päivittäiseen elämäänsä, tämä opas innoittaa keskittymään entistä syvemmin Jumala-suhteeseen.

Leimallista Paramahansa Yoganandan opetuksille on, että Jumala ei ole etäinen vaan Häntä on mahdollista lähestyä. Tosiaankin, Jumala on "läheisistä läheisin, rakkaista rakkain, lähempänä kuin läheisinkään – heti ajatustemme ja tunteidemme takana, heti niiden sanojen takana, joilla rukoilemme".

Kuten Paramahansaji osoittaa tämän kirjan katkelmissa, jos omistamme joka päivä edes vähän aikaa rukoiluun ja meditaatioon, Ääretön Isä-Äiti-Ystävä tulee eläväksi, valaisevaksi Läsnäoloksi elämämme tuoden voimaa, opastusta, uudistumista ja parantumista.

Tätä rukoilen sinulle, lukija, ja tiedän, että tämä olisi myös Paramahansajin rukous.

Los Angeles,
Tammikuu 1998

OSA

I

Rukous on sielun
vaatimusta

ASTU SIELUSI HILJAISUUTEEN

Jumalan temppeli on sielussasi. Astu sen hiljaisuuteen: istu ja meditoi siellä, anna intuition valon palaa alttarilla. Ei levottomuutta, ei etsintää, ei pyrkimystä. Tule yksinolon rauhaan – –.

Käy sielun sisimpään pyhäkköön. – – Muista ja koe se Jumalan kuva, joka on sinussa ja jonka olet unohtanut.

Jokainen meistä on Jumalan lapsi. Olemme syntyneet Hänen hengestään, kaikessa sen puhtaudessa, loistossa ja riemussa. Tätä perintöä ei voi meiltä riistää. – – Raamattu sanoo: "Ettekö tiedä, että te olette Jumalan temppeli ja että Jumalan Henki asuu teissä?" Muista aina: sinun Isäsi rakastaa sinua ehdoitta. – –

Meidän ei tarvitse juosta viidakkoon etsimään Häntä. Voimme löytää Hänet jokapäiväisen elämän viidakosta, sisäisen hiljaisuuden luolasta.

—◊—

Vaikka et muuta tekisi kuin rukoilisit Häntä vilpittömästi, Hänen rajaton ilonsa valtaa sinut lopulta.

—◊—

Tosi rukous on sielun ilmausta; se on sielun kaipuuta, nälkää, joka kohdistuu Jumalaan. Se nousee sielun sisimmästä ja ilmaisee itsensä Hänelle kiihkeästi mutta hiljaa.

—◊—

Puhu Hänelle jatkuvasti mielesi sopukassa; silloin Hän ei voi pysyä poissa luotasi.

—◊—

Herra on kaikkien äitien Äiti, kaikkien isien Isä,

Ystävä kaikkien ystävien takana. Jos aina ajattelet Häntä läheisistä läheisimpänä, saat todistaa monia ihmeitä elämässäsi. "Hän kulkee kanssani, Hän puhuu minulle ja kertoo, että olen Hänen omansa."

KUN IHMISAPU EI RIITÄ

On olemassa kaksi erilaista tapaa saada tarpeensa tyydytettyä. Toinen on aineellinen. Esimerkiksi sairas voi mennä lääkärille saamaan hoitoa. Mutta tulee hetki, jolloin mikään ihmisapu ei riitä. Silloin käännämme katseemme toiseen suuntaan, Hengelliseen Voimaan, joka on luonut ihmiskehon, -mielen ja -sielun. Aineellinen voima on rajoittunut, ja kun se pettää, turvaamme rajattomaan Jumalalliseen Voimaan. Samoin tapahtuu taloudellisten tarpeiden kohdalla: kun olemme tehneet parhaamme eikä se riitä, käännymme tuon toisen Voiman puoleen. – –

Ei tule pyrkiä vain taloudelliseen turvallisuuteen ja hyvään terveyteen vaan elämän tarkoituksen selville saamiseen. Mistä tässä kaikessa on kyse? Vaikeuksien iskiessä suuntaamme huomion ensin ulkomaailmaan: ryhdymme niihin aineellisiin toimiin, joiden arvelemme auttavan. Mutta vihdoin joudumme ehkä sanomaan: "Kaikki mitä olen yrittänyt, on epäonnistunut, mitä voin tehdä seuraavaksi?" Ja silloin alamme etsiä tosissaan ratkaisua.

Jos paneudumme asiaan kyllin perinpohjaisesti, vastaus löytyy kunkin sisimmästä. Tämä on yksi tapa saada rukousvastaus.

Kun krooniset sairaudet ja kärsimykset ovat ihmisavun ulottumattomissa, kun käytettävissä olevien menetelmien voima ei riitä parantamaan fyysisiä tai mentaalisia sairauksia paljastaen tuon voiman rajoittuneisuuden, on pyydettävä Jumalaa auttamaan. Hänen voimansa on rajaton.

Heitä mielestäsi ajatus, että Herra ihmeellisine voimineen on kaukana taivaassa ja että sinä olet pieni avuton vaikeuksiin hautautunut maan matonen. Muista, että sinun tahtosi takana on suuri Jumalallinen Tahto. Mutta tuo valtaisa Voima ei voi auttaa sinua, ellet ole vastaanottavainen.

JUMALA VASTAA RAKASTAVIIN VAATIMUKSIISI

Jumala ei ole mykkä eikä tunteeton. Hän on itse rakkaus. Jos osaat meditoida niin, että saat yhteyden Häneen, Hän vastaa rakastaviin vaatimuksiisi. Sinun ei tarvitse anella, saat vaatia Hänen lapsenaan.

—ᴡ—

Pidän parempana sanaa "vaatimus" kuin "rukous", sillä edelliseen ei liity alkukantaista ja keskiaikaista käsitystä Jumalasta itsevaltiaana kuninkaana, jota meidän täytyisi rukoilla ja imarrella kuin kerjäläiset.

—ᴡ—

Rukous on sielun vaatimusta. Jumala ei luonut meitä kerjäläisiksi; Hän loi meidät omaksi kuvakseen. Sekä Raamattu että intialaiset pyhät kirjoitukset julistavat näin. Kerjäläinen, joka menee vauraaseen taloon anomaan almuja, saa kerjäläiselle kuuluvan osuuden, mutta poika saa rikkaalta isältään mitä vain pyytää. Tästä syystä meidän ei tule käyttäytyä kuin kerjäläiset. Kristuksen, Krishnan ja Buddhan kaltaiset jumalalliset viisaat puhuvat totta sanoessaan, että ihminen on luotu Jumalan kuvaksi. Silti näemme, että toisilla on kaikkea – nämä ovat syntyneet kuin hopealusikka suussaan – kun taas toisia tuntuu vainoavan epäonni ja vaikeudet. Missä Jumalan kuva on heissä? Hengen voima piilee jokaisessa; kysymys on siitä, kuinka sitä kehittää.

MUUTU KERJÄLÄISESTÄ JUMALAN LAPSEKSI

Vaikuttavan rukouksen salaisuus on muuttaa asenteensa kerjäläisestä Jumalan lapseksi. Kun vetoat Häneen tuosta elämäntunnosta käsin, rukouksessasi on sekä voimaa että viisautta.

Johanneksen evankeliumin jakeessa 1:12 lukee: "Mutta kaikille, jotka ottivat Hänet vastaan, Hän antoi oikeuden tulla Jumalan lapsiksi, kaikille, jotka uskovat Häneen." Valtamerta ei voi ahtaa kuppiin ennen kuin kupista on tehty yhtä suuri kuin valtameri. Samoin ihmisen keskittymisen ja hänen kykyjensä kuppia täytyy laajentaa, jotta hän voisi tajuta Jumalan. *Vastaan ottaminen* merkitsee kykyä, joka on saavutettu kilvoittelulla; se ei ole sama asia kuin pelkkä usko.

Kaikki, jotka tietävät kuinka Hänet pystyy ottamaan vastaan, voivat toteuttaa sen jumaluuden, joka nukkuu heissä itsessään, laajentamalla tajuntansa voimia. Koska olemme Jumalan lapsia, meissä piilee valta hallita kaikkea Hänen universumissaan, kuten Hänelläkin on tuo valta.

JOS OLEMME JUMALAN LAPSIA, MIKSI KOEMME SURUA JA KÄRSIMME?

Miksi toiveemme jäävät usein täyttymättä ja miksi monet Jumalan lapset kärsivät syvästi? Jumala ei olisi voinut luoda yhtä lastaan paremmaksi kuin toista, sillä Hän on jumalallisen puolueeton. Alun alkaen Hän loi kaikki sielut samanlaisiksi, omiksi kuvikseen. Kaikki myös saivat suurimman Jumalan lahjan: vapaan tahdon ja kyvyn käyttää järkeään sekä mahdollisuuden toimia sen mukaan.

Jossain, joskus menneisyydessä he ovat rikkoneet Jumalan lakeja, ja tästä on ollut lainmukaisia seurauksia. – –

Ihminen on käyttänyt väärin Jumalan suomaa itsenäisyyttään ja tuottanut itselleen tietämättömyyttä, fyysistä kärsimystä, ennenaikaista kuolemaa ja monia ongelmia. Hän korjaa sitä, mitä on kylvänyt. Syyn ja seurauksen laki [karma] vallitsee jokaisessa elämässä.

Vaikka Jumala on kaikkivaltias, Hän ei toimi lainvastaisesti tai mielivaltaisesti vain sen takia, että joku rukoilee. Hän on antanut ihmiselle itsenäisyyden ja tämä saa käyttää sitä niin kuin itse tahtoo. Jos Jumala antaisi ihmisille anteeksi heidän virheensä, niin että he voisivat jatkaa vääryyksiään ilman seurauksia, Hän olisi ristiriidassa itsensä kanssa: Hän ei välittäisi syyn ja seurauksen laista ihmisten toimintaan sovellettuna, vaan ohjaisi ihmisten toimintaa – ei itse luomiensa lakien – vaan oikkujensa mukaan. Eikä Jumalaa voi saada muuttamaan pysyviä lakejaan imartelulla tai ylistyksillä. Joudummeko siis elämään ilman Jumalan armon ja laupeuden väliintuloa ja pysymään inhimillisten heikkouksien avuttomina uhreina? Täytyykö meidän väistämättä kohdata tekojemme seuraukset kuin ennalta määrättyinä tai niin sanottuna kohtalona?

Ei! Herra on sekä laki *että* rakkaus. Palvoja, joka puhtaalla antaumuksella ja uskolla etsii Jumalan ehdotonta rakkautta ja joka *myös* saattaa toimintansa sopusointuun jumalallisen lain kanssa, on varmasti tunteva Jumalan puhdistavan ja vapauttavan kosketuksen.

Jumalallinen Voima tahtoo auttaa sinua omasta tahdostaan; sinun ei tarvitse paimentaa sitä siihen. Mutta sinun tulee käyttää tahtoasi vaatimuksesi esittämiseen Hänen lapsenaan ja sinun tulee toimia Hänen lapsenaan.

―⁂―

Todelliset palvojat tietävät, että vaikka eivät olekaan pystyneet luopumaan pahoista tavoistaan, he voivat vetää Jumalaa aina vain lähemmäksi kutsumalla Häntä jatkuvasti ja uskomalla Hänen olevan läsnä koko ajan osallistuen heidän jokapäiväiseen elämäänsä ja vastaten heille heidän rukoushetkinään. He tietävät, että kaikki on mahdollista Jumalalle ja että suurin ymmärrys on älyn tuolla puolen. Herra paljastaa itsensä palvojalle jossain muodossa, kun tämä sitkeästi vaatii apua ja Jumalan läsnäoloa ja rakastaen visualisoi Hänet ja uskoo Hänen kaikkiallisuuteensa. Kun Jumalan ilmestymisen valo sarastaa, pahojen tapojen pimeys häviää itsestään päästäen puhtaan sielun esille.

―⁂―

ÄLÄ SAMASTA KUOLEMATTOMUUTTASI INHIMILLISIIN TOTTUMUKSIISI

Jos tunnet syvää antaumusta Jumalaa kohtaan, voit pyytää Häneltä mitä vain. Teen Hänelle joka päivä uusia kysymyksiä ja Hän vastaa minulle. Hän ei koskaan loukkaannu vilpittömistä kysymyksistä, joita Hänelle esitämme. Joskus jopa moitin Häntä siitä, että Hän käynnisti luomistyönsä: "Kuka kärsii kaiken tässä näytelmässä tapahtuvan pahuuden karman? Sinä, Luoja, olet vapaa karmasta. Miksi sitten panit meidät tähän kurjuuteen?" Luulen, että Hän on pahoillaan puolestamme. Hän tahtoisi meidän palaavan luokseen, mutta niin ei voi tapahtua ilman yhteistyötämme ja omia ponnistuksiamme.

—⁂—

Sen minkä olemme itse tehneet, voimme myös itse purkaa.

—⁂—

Mitä pelkäät? Olet kuolematon olento. Et ole mies etkä nainen, kuten saatat luulla, vaan sielu, riemullinen ja ikuinen. Älä samasta kuolemattomuuttasi inhimillisiin tottumuksiisi. – – Jopa keskellä vaikeita koettelemuksia sano: "Sieluni on ylösnoussut. Koska olen Jumalan lapsi, voimani saavuttaa voitto on suurempi kuin kaikki koettelemukseni."

—⁂—

Älä anna kenenkään nimittää sinua syntiseksi. Jumala loi sinut kuvakseen. Tuon kuvan kieltäminen on suurin synti itseäsi vastaan. – – Luolassa voi vallita pimeys tuhansia vuosia, mutta kun tuot sinne valon, pimeys häviää ikään kuin sitä ei olisi koskaan ollutkaan. Vastaavasti, mitkä ikinä puutteesi ovatkin, ne eivät enää kuulu sinuun, kun tuot hyvyyden valon elämääsi.

—⁂—

Kun koettelemukseni kasvavat kovin suuriksi, etsin ensin ymmärrystä itsestäni. En syytä olosuhteita tai yritä muuttaa ketään toista. Käännyn ensin sisäänpäin itseeni. Yritän puhdistaa oman sieluni linnan poistaakseni sen, mikä estää sielun kaikkiallisen voiman ja viisauden ilmentymistä. Tämä on menestyksekäs elämäntapa.

Kääriydy Jumala-ajatukseen. Hänen Pyhä Nimensä on kaikkien voimien Voima. Jokainen kielteinen värähtely sinkoaa siitä pois kuin kilvestä.

JUMALASUHTEEMME EI OLE KYLMÄ EIKÄ PERSOONATON

Suhteemme Jumalaan ei ole kylmä eikä persoonaton, kuten työnantajan ja työntekijän suhde. Me olemme Hänen lapsiaan. Hänen *täytyy* kuunnella meitä! Emme voi mitenkään kieltää, että olemme Hänen lapsiaan. Hän on luonut meidät, mutta me olemme myös osa Häntä. Hän teki meidät prinsseiksi, mutta me olemme päättäneet ryhtyä orjiksi. Hän tahtoo, että meistä tulisi jälleen prinssejä, että palaisimme omaan Valtakuntaamme. Mutta ei kukaan jumalallisen perintöosansa hylännyt saa sitä takaisin ilman ponnisteluja. Meidät on luotu Hänen kuvakseen, mutta olemme jollain tavalla unohtaneet tämän totuuden. Olemme vajonneet harhaan, pidämme itseämme kuolevaisina olentoina, ja tuo harhan verho meidän täytyy repiä viisauden tikarilla.

―⚬―

Maailman eri uskonnot pohjautuvat enemmän tai vähemmän ihmisten uskomuksiin. Mutta uskonnon todellisen perustan tulisi olla tiede, jota kaikki palvojat voivat soveltaa saavuttaakseen yhteisen Isämme, Jumalan. Jooga on tuo tiede.

—ᴡ—

Olemme laskeutuneet Jumalasta ja meidän täytyy nousta uudestaan Hänen luokseen. Olemme joutuneet näennäisesti eroon Isästämme, ja meidän on tietoisesti yhdyttävä jälleen Häneen. Jooga opettaa, kuinka on mahdollista nousta erillisyyden harhasta ja yhtyä Jumalaan. Runoilija Milton kirjoitti ihmissielusta ja siitä, kuinka se voisi päästä takaisin paratiisiin. Tämä on joogan tarkoitus ja päämäärä: päästä takaisin kadotettuun sielutietoisuuden paratiisiin, niin että ihminen tietää olevansa ja olleensa aina yhtä Hengen kanssa.

—ᴡ—

Jos elät yhteydessä Herraan, parannut elämän ja kuoleman, terveyden ja sairauden harhoista. Elä Herrassa. Tunne Hänen rakkautensa. Älä pelkää mitään. Vain Jumalan linnasta löydämme turvan.

Varmempaa ilon turvasatamaa ei ole kuin Hänen läsnäolonsa. Kun olet Hänen kanssaan, mikään ei voi satuttaa sinua.

—⚭—

Pysy Hänen läsnäolonsa linnassa. – – Kuljeta mukanasi kannettavaa taivasta.

—⚭—

ON OLEMASSA OIKEA
TAPA RUKOILLA

Olet ehkä aikaisemmin pettynyt, koska rukouksiisi ei ole vastattu. Mutta älä menetä uskoasi. Voidaksesi selvittää, vaikuttavatko rukoukset vai eivät, sinun on alun alkaen uskottava rukousten voimaan. Rukouksiisi ei ehkä vastattu, koska olit rukoillut kerjäläisenä. On myös tiedettävä, mitä Taivaalliselta Isältä on oikein pyytää. Voit rukoilla kaikesta sydämestäsi ja voimastasi saadaksesi omistaa maanpiirin, mutta rukoukseesi ei suostuta, sillä kaikki aineellista maailmaa koskevat rukoukset ovat rajallisia – ja rajallisia niiden on oltava. Jumala ei riko omia lakejaan täyttääkseen oikullisia toiveita. Mutta on olemassa oikea tapa rukoilla.

—⁂—

Kun rakastaen esitämme vaatimuksiamme, meidän on oltava Jumalan poikia eikä kerjäläisiä. Kerjäävä rukoilu rajoittaa sielua, olkoon kuinka vilpitöntä tahansa. Jumalan poikina meidän täytyy uskoa, että meillä *on* kaikki, mitä Isällä on. Tämä on synnyinoikeutemme. Jeesus oivalsi totuuden: "Minä ja Isäni olemme yhtä." Tämän takia hän omisti kaiken, samoin kuin hänen Isänsäkin. Useimmat kerjäävät ja rukoilevat ennen kuin ovat toteuttaneet omassa mielessään jumalallisen synnyinoikeutensa; siksi heitä rajoittaa kerjäämisen laki. Meidän ei tarvitse kerjätä, vaan vaatia uudestaan Isältämme sitä, minkä luulimme kadottaneemme rajoittuneissa kuvitelmissamme.

Nyt, tällä hetkellä on välttämätöntä irrota aikakausia jatkuneesta väärästä ajatuksesta, että olisimme heikkoja ihmisolentoja.

TUNNE ITSESI SIELUKSI, JUMALAN LAPSEKSI

Syvässä meditaatiossa opit tuntemaan itsesi sieluksi, Jumalan lapseksi, Hänen kuvakseen.

Olet elänyt hallusinaatiossa, kuvitellut olevasi avuton kuolevainen. – – Joka päivä sinun tulisi istua hiljaa ja vakuuttaa itsellesi syvästi uskoen: "En ole syntynyt, en kuole, en kuulu mihinkään kastiin, ei minulla ole isää, ei äitiä. Siunattu Henki, olen Hän. Olen Ääretön Onnellisuus." Jos yhä uudestaan toistat näitä ajatuksia, päivin ja öin, oivallat lopulta mitä todella olet: olet kuolematon sielu.

VAKUUTA ITSELLESI OLEVASI SE, MIKÄ TODELLA OLET

Älä käyttäydy kuin olisit surkea kuolevainen. Olet Jumalan lapsi!

—ᴍ—

Vakuuta itsellesi, että olet Jumalan lapsi, ja syvenny Jeesuksen sanoihin: "Minä ja Isäni olemme yhtä."

—ᴍ—

Sisäinen vakuuttuneisuus hengellisestä identiteetistämme riittää käynnistämään lain, jolla rukoukset täyttyvät. Tätä lakia kaikkien maiden pyhimykset ovat hyödyntäneet. Jeesus saattoi antaa oman kokemuksensa syvyyksistä tämän kunniakkaan vakuutuksen:
"Jos joku sanoo tälle vuorelle: 'Nouse paikaltasi ja paiskaudu mereen!', se myös tapahtuu, jos hän ei sydämessään epäile vaan uskoo, että niin käy kuin hän sanoo. – – Mitä ikinä te rukouksessa pyydätte, uskokaa, että olette sen jo saaneet, ja se on teidän."

—ᴍ—

"USKON JUMALAAN, MIKSI HÄN EI AUTA MINUA?"

Uskomus, että Jumala on olemassa, ja usko ovat kaksi eri asiaa. Uskomus on arvoton, ellet koettele sitä ja elä sen mukaan. Kun uskomus muuttuu kokemukseksi, siitä tulee uskoa. Tämän takia profeetta Malakias julisti: "Koetelkaa minua tällä tavalla, sanoo Herra Sebaot. – Silloin saatte nähdä, että minä avaan taivaan ikkunat ja vuodatan teille siunausta niin runsaasti, ettei teillä ole millä sitä vastaanottaa."

Usko, eli intuitiivinen kokemus kaikesta todesta, on jo sielussa läsnä. Se herättää toivon ja saavuttamisen halun. – – Tavalliset ihmiset eivät tiedä käytännöllisesti katsoen mitään tästä intuitiivisesta uskosta, joka piilee sielussa ja joka on villeimpien unelmiemme salainen lähde.

Usko tarkoittaa tietoa ja vakaumusta, että meidät on luotu Jumalan kuvaksi. Kun olemme sisäisesti sopusoinnussa Hänen tajuntansa kanssa, pystymme luomaan maailmoja. Muista, että tahdossasi piilee Jumalan kaikkivaltias voima. Kun vaikeuksien lauman hyökätessä et anna periksi, ja kun mielesi on luja, Jumala vastaa sinulle.

—☙—

Uskoa täytyy kehittää tai paremminkin paljastaa sisimmästämme. Se on olemassa, mutta se täytyy saada esiin. Tarkkaile elämääsi ja huomaat lukemattomia tapoja, joilla Jumala toimii; näin uskosi lujittuu. Vain harvat etsivät Jumalan salattua kättä. Useimpien mielestä tapahtumien kulku on luonnollinen ja väistämätön. He eivät tiedä, kuinka valtavia muutoksia rukous voi aiheuttaa.

—☙—

USKO ANTAA TODISTUKSEN JUMALAN VASTAUKSESTA

Jumala vastaa, kun rukoilet Häntä syvästi uskoen ja päättävästi. Joskus Hän vastaa pudottamalla ajatuksen jonkun toisen mieleen, niin että tämä täyttää halusi tai tarpeesi. Näin tuo henkilö toimii Jumalan välineenä, joka saa aikaan halutun tuloksen. Et tajua, kuinka ihmeellisesti tämä suuri voima toimii. Se toimii matemaattisesti. Siinä ei ole sijaa jossittelulle. Ja juuri tätä Raamattu tarkoittaa uskolla: "Usko on *todistus* siitä, mitä ei nähdä."

PYRI KOKEMAAN HENGELLISET VAKAUMUKSESI

Uskonnon harjoittaminen on nykyisin sellaista, että vain harva pyrkii muuttamaan hengelliset ajatuksensa kokemukseksi. – – Useimmat tyytyvät siihen, mitä ovat lukeneet Totuudesta, ilman että olisivat koskaan kokeneet sitä.

Kun pyrit muuttamaan hengelliset vakaumuksesi kokemukseksi, toinen maailma alkaa avautua sinulle. Älä jättäydy väärän turvallisuuden tunteen varaan uskoen, että pelkkä kirkkoon kuuluminen on pelastava sinut. Sinun itsesi on ponnisteltava, jotta oppisit tuntemaan Jumalan. Voit ajatella olevasi hyvin uskonnollinen – tämä tyydyttää mieltäsi – mutta ellei tajuntasi saa sitä tyydyttäviä suoria rukousvastauksia, ei mikään määrä muodollista uskontoa voi sinua pelastaa. Mitä hyödyttää rukoilla Jumalaa, ellei Hän vastaa? Vaikka Hänen vastauksensa saaminen on vaikeaa, se on mahdollista. Varmistaaksesi lopullisen pääsysi taivaaseen sinun täytyy testata rukouksiesi voimaa, kunnes saat ne vaikuttamaan.

TESTAA RUKOUSTESI VOIMA

Joku ehkä väittää: "Tiedän, että rukouksiini vastataan, sillä kuulen Jumalan puhuvan minulle. Olen osoittanut todeksi, että Hän vastaa rukouksiini." Mutta oletko varma, että rukouksesi todella tavoittivat Jumalan ja että Hän vastasi niihin tietoisesti? Mikä on todiste? Olettakaamme, että rukoilit parantuvasi ja nyt olet tervehtynyt. Mistä tiedät, johtuiko parantumisesi luonnollisista syistä tai lääkkeestä vai omista tai jonkun toisen rukouksista, jotka toivat avun Jumalalta? Joskus ei ole mitään syy–seuraus-suhdetta rukouksen ja tervehtymisen välillä. Olisit saattanut parantua, vaikka et olisi rukoillutkaan. Tästä syystä tulee selvittää, pystytäänkö syyn ja seurauksen lakia hyödyntämään tieteellisesti rukouksen avulla. Intian viisaat pääsivät perille Jumalan vastauksen lainmukaisuudesta. Ja ne, jotka soveltavat tätä lakia, voivat testata ja kokea asian itse. Näin vastauksen saaneet viisaat kertovat.

Jos tiedemiehet kokoontuisivat ja ainoastaan rukoilisivat uusien keksintöjen puolesta, onnistuisivatko he? Eivät. Heidän täytyy soveltaa Jumalan lakeja. Kuinka siis kirkko tai temppeli kykenisi antamaan sinulle Jumalan vain sokean rukouksen tai seremonioiden avulla?

Jumalaa ei voi lahjoa muuttamaan lakiaan mielivaltaisesti pelkästään lahjoilla tai katumusharjoituksilla tai erityismenoilla, eikä Hän vastaa sokeaan rukoukseen tai puolueellisesti. Häntä koskettaa vain se, että ihminen toimii yhteistyössä Hänen lakinsa kanssa – sekä rakkaus. Ja rakkaus *on* laki. Jos ihminen on sulkenut elämänsä ikkunat Jumalan terveyttä, voimaa ja viisautta suovilta säteiltä, hän joutuu itse toimimaan avatakseen ikkunansa, niin että Herran parantava, vapaasti tarjolla oleva ja valmiina odottava valo voisi paistaa sisälle.

Meidän täytyy ajatella, meditoida, toistaa, uskoa ja

päivittäin elää todeksi, että olemme Jumalan poikia. Ja myös toimia sen mukaisesti! Tämän toteuttaminen voi viedä aikaa, mutta meidän on aloitettava käyttämällä oikeaa menetelmää sen sijaan, että pelaisimme uhkapeliä epätieteellisillä kerjuurukouksilla ja päätyisimme epäuskoon, epäilyihin ja harhaluuloilla pallotteluun. Vasta kun torkkuva minä oivaltaa, ettei se ole keho vaan vapaa sielu eli Jumalan poika, joka asuu kehossa ja toimii kehon kautta, se pystyy oikeutetusti ja lainmukaisesti vaatimaan jumalallisia oikeuksiaan.

OSA

II

Sisäinen keskittyminen:
varsinaisen rukouksen
esinäytös

MUISTA SISÄLLÄSI ELÄVÄÄ JUMALAA

Opeta itsesi muistamaan, että Jumala on kanssasi.

—⚜—

Herra vaikuttaa kaukaiselta vain koska huomiosi on suuntautunut ulospäin Hänen luomakuntaansa eikä sisäänpäin Häneen. Kun mielesi vaeltaa lukemattomien maallisten ajatusten sokkeloissa, johda se kärsivällisesti takaisin sisälläsi elävän Jumalan muistamiseen. Aikanaan koet Hänet jatkuvasti kanssasi – Jumalan, joka puhuu sinulle omaa kieltäsi, Jumalan, jonka kasvot kurkistavat sinuun jokaisesta kukasta ja kasvista ja ruohon korresta. Silloin sanot: "Olen vapaa! Olen puettu Hengen harsoon; lennän valon siivin maasta taivaaseen." Ja mikä riemu olemuksessasi!

—⚜—

Jumalallinen Henki, siunaa meitä, että sydämissämme puhuisimme aina vain Sinusta. Mitä kielin sanommekin, sydämemme toistaa aina Sinun nimeäsi.

Kerran meditaatiossa kuulin Hänen äänensä kuiskaavan: "Sinä väität, että pysyttelen poissa, mutta sinä et tullut sisään. Siksi sanot, että olen kaukana. Minä olen aina sisällä. Tule sinä sisään, niin näet Minut. Minä olen aina täällä valmiina tervehtimään sinua."

"KUN SINÄ RUKOILET, MENE SISÄLLE HUONEESEESI"

Sanskritin uskoa tarkoittava sana on ihmeen ilmaiseva. Se on *visvas*. Tavallinen kirjaimellinen merkitys 'hengittää rauhallisesti, luottaa, olla vapaa pelosta' ei välitä sen täyttä sisältöä. Sanskritin *svas* viittaa hengityksen liikkeeseen ja siten elämään ja tunteeseen. *Vi* osoittaa vastakohtaa ja tarkoittaa 'olla ilman jotakin'. Sillä, jonka hengitys, elämä ja tunteet ovat levolliset, on intuition antamaa uskoa. Tätä uskoa ei voi olla emotionaalisesti levottomilla. Intuitiivisen tyyneyden syveneminen edellyttää sisäisen elämän kypsymistä. Kun intuitio on kirkastunut riittävästi, sen avulla näkee välittömästi totuuden. Tällainen ihmeellinen mahdollisuus on avoinna jokaiselle. Meditaatio on tie sen toteuttamiseen.

Meditoi kärsivällisesti ja sitkeästi. Syvenevässä rauhassa astut sielun intuitiiviseen valtakuntaan. Juuri ne, jotka löytävät tien tähän sisäiseen Jumala-yhteyteen, saavuttavat valaistumisen. Näin on aikakaudesta toiseen. Jeesus sanoi: "Kun sinä rukoilet, mene sisälle huoneeseesi, sulje ovi ja rukoile sitten Isääsi, joka on salassa. Isäsi, joka näkee myös sen, mikä on salassa, palkitsee sinut." Käy sisimpään Itseen, sulje aistien ovi ja niiden tuoma yhteys levottomaan maailmaan, ja Jumala on paljastava sinulle kaikki ihmeensä.

KUINKA PYHIMYKSET ALKUAAN LÖYSIVÄT JUMALAN?

Kuinka etsijät alun alkaen löysivät Hänet? Ensin he sulkivat silmänsä pitääkseen poissa välittömät vaikutelmat ulkomaailmasta, niin että saattoivat keskittyä paremmin tutkimaan sen takana piilevää Intelligenssiä. He päättelivät, että eivät voisi löytää Jumalan läsnäoloa luonnosta tavallisten aistihavaintojen avulla. Niinpä he pyrkivät kokemaan Hänet sisäisessä maailmassaan yhä syvenevän keskittymisen avulla. Lopulta he oivalsivat, kuinka pystyisivät sammuttamaan kaikki viisi aistia ja siten katkaisemaan väliaikaisesti yhteyden aineelliseen olemassaoloon. Hengen sisäinen maailma alkoi aueta heille. Näille muinaisen Intian suurille etsijöille, jotka sitkeästi tutkivat sisäistä maailmaa, Jumala lopulta paljasti itsensä. Tällä tavalla pyhimykset alkoivat vähitellen muuttaa Jumala-käsitystään välittömäksi kokemukseksi. Näin sinunkin tulee tehdä, jos tahdot tuntea Hänet.

SINUN HILJAISUUDESSASI JUMALAN HILJAISUUS LAKKAA

Aistihermojen kautta virtaavat aistimukset yllyttävät ihmismielen lukemattomiin meluisiin ajatuksiin, niin että tarkkaavaisuus on kokonaan kääntynyt aistivaikutelmiin. Mutta Jumalan ääni on hiljaisuus. Vasta kun ajatukset herkeävät, on mahdollista kuulla intuitiolla Jumalan ääni, joka puhuu hiljaisuudessa. Näin Jumala ilmaisee itsensä. Sinun hiljaisuudessasi Jumalan hiljaisuus lakkaa. Hän puhuu sinulle intuitiosi välityksellä. Palvojalle, jonka tajunta on sisäisesti yhteydessä Jumalaan, kuultavissa oleva vastaus Häneltä ei ole tarpeen: intuitiiviset ajatukset ja todet näyt ovat Jumalan ääntä. Ne eivät johdu aisteista, vaan ovat syntyneet palvojan hiljaisuuden ja Jumalan hiljaisuusäänen yhteistuloksena.

Jumala on ollut kanssamme koko ajan puhuen meille, mutta Hänen hiljaisuusäänensä on hukkunut ajatustemme meluun. "Sinä olet rakastanut minua aina, mutta minä en kuullut Sinua." Hän on ollut aina lähellä, mutta me olemme vaeltaneet kauas Hänen tajunnastaan.

Vaikka olemme välinpitämättömiä ja etsimme aistinautintoja, Jumala rakastaa ja on aina rakastava meitä. Jotta tietäisimme tämän, meidän on vedettävä ajatuksemme pois aistimuksista ja oltava sisäisesti hiljaa. Ajatusten hiljentäminen merkitsee niiden virittämistä yhteen Jumalan kanssa. Näin alkaa oikea rukoilu.

ÄLÄ AJATTELE MUUTA KUIN HENKEÄ, KUN RUKOILET

Rukoillessa tulee pyrkiä kaikin voimin keskittämään koko huomio Jumalaan sen sijaan, että sanottaisiin "Jumala, Jumala, Jumala" ja annettaisiin mielen harhailla jossain muualla. Tädilläni oli tapana rukoilla rukousnauhan avulla. Hänet saattoi lähes aina nähdä sormeilemassa rukousnauhansa helmiä. Mutta eräänä päivänä hän tuli luokseni ja tunnusti, ettei Jumala ollut koskaan vastannut hänen rukouksiinsa, vaikka hän oli rukoillut tällä tavalla neljäkymmentä vuotta. Eipä ihme! Hänen "rukouksensa" eivät olleet juuri hermostunutta fyysistä tapaa kummoisempia. Älä ajattele mitään muuta kuin Henkeä, kun rukoilet.

—m—

Jos toistat vaatimuksia tai affirmaatioita sokeasti vailla antaumusta tai spontaania rakkautta, olet pelkkä rukoileva levysoitin, joka ei tiedä mitä sen rukoukset merkitsevät. Rukousten jauhaminen ääneen ja mekaanisesti, sisäisesti jotain muuta ajatellen, ei kirvoita vastausta Jumalalta. Sokea toistaminen, Jumalan nimen lausuminen turhaan, on hedelmätöntä. Vaatimuksen tai rukouksen toistaminen mentaalisesti tai suullisesti yhä uudestaan ja yhä syvenevällä tarkkaavaisuudella ja antaumuksella henkistää rukouksen ja muuttaa tietoisen, uskon kyllästämän toiston ylitajuiseksi kokemukseksi.

MIKÄ RUKOUS VETÄÄ PUOLEENSA NOPEIMMIN JUMALRAKASTETUN?

Anna Jumalalle rukouksen jalokivet, jotka löydät oman sydämesi syvästä kaivoksesta.

—⚬—

Ei pidä nojautua rakkauden käsikirjaan, kun tapaa rakastettunsa, vaan tulee puhua omasta sydämestä kumpuavin sanoin. Jos käyttää jonkun toisen rakkauden kieltä Jumalalle osoitetuissa vaatimuksissaan, sanat on tehtävä omiksi. Ne on ymmärrettävä läpikotaisin ja sisäistettävä niiden merkitys, ja ne on lausuttava äärimmäisen keskittyneesti ja rakastaen, samoin kuin on sopivaa, että rakastaja lausuu rakastetulleen suuren runoilijan säkeitä ja kokee nuo sanat oman rakkautensa ja tunteensa ilmauksiksi.

—⚬—

RAKASTA JUMALAA KAIKESTA SYDÄMESTÄSI...

Korkeimmat ihmiselle annetut käskyt ovat: rakasta Jumalaa kaikesta sydämestäsi, sielustasi, mielestäsi ja voimastasi, sekä rakasta lähimmäistä niin kuin itseäsi. Jos noudatat näitä, kaikki muu seuraa omalla painollaan ja oikealla tavalla. Ei riitä, että on jyrkkä moralisti: kivet ja vuohet eivät riko moraalilakeja mutta eivät silti tunne Jumalaa. Mutta jos rakastat Jumalaa kyllin syvästi, muutut ja vapaudut, vaikka olisit pahin syntinen. Suuri pyhimys Mirabai on sanonut: "Jumalan löytämiseksi vain rakkaus on ehdottoman tärkeää." Tämä totuus kosketti minua syvästi.

Kaikki profeetat noudattavat näitä kahta tärkeintä käskyä. Jumalan rakastaminen kaikesta sydämestä tarkoittaa, että rakastaa Häntä sellaisella rakkaudella, jota tuntee rakkaintaan kohtaan – olkoon tämä äidin tai isän rakkautta lapseensa tai rakastajan rakkautta rakastettuunsa. Anna tuollaista ehdotonta rakkautta Jumalalle. Jumalan rakastaminen kaikesta sielusta merkitsee, että voit todella rakastaa Häntä, kun syvässä meditaatiossa koet olevasi sielu, Jumalan lapsi, Hänen kuvakseen luotu. Jumalan rakastaminen kaikesta mielestä on sitä, että rukoillessasi koko tarkkaavaisuutesi on Hänessä eikä harhaile levottomissa ajatuksissa. Ajattele meditaatiossa ainoastaan Jumalaa. Älä anna mielen vaeltaa Jumalasta kaikkeen muuhun. Tästä syystä jooga on tärkeää: se auttaa sinua keskittymään. Kun joogan avulla vedät levottoman elämänvoimasi aistihermoista ja sisäistyt Jumala-ajatukseen, silloin rakastat Häntä kaikesta voimastasi. Koko olemuksesi on keskittynyt Häneen.

ENTÄ JOS EI TUNNE RAKKAUTTA JUMALAAN?

Vaikka istuisit hiljentyen ja yrittäen tuntea antaumusta, et ehkä kovin usein päädy mihinkään. Tämän takia opetan tieteellisiä meditaatiotekniikoita. Harjoita niitä ja pystyt irrottamaan mielesi aistiärsykkeistä ja tavallisesti loputtomina virtaavista ajatuksista. Kriya-joogan[1] avulla tajunta toimii korkeammalla tasolla. Antaumus Ääretöntä Henkeä kohtaan nousee silloin spontaanisti ihmissydämestä.

---

[1] Tämä edistynyt hengellinen tiede, jonka tarkoitus on sisäistää tajunta Jumala-yhteyteen, sai alkunsa vuosituhansia sitten Intiassa, ja Paramahansa Yogananda opettaa sitä perustamansa järjestön, Self-Realization Fellowshipin, tuottamissa opetuskirjeissä. *(Julkaisijan huomautus)*

KUN LIIKE LAKKAA, OIVALLUS
JUMALASTA HERÄÄ

Opi hiljentämään kehosi ja mielesi, sillä kun liike lakkaa, oivallus Jumalasta herää.

—〰—

Ongelmasi on, että et jatka meditaatiota tarpeeksi kauan saadaksesi tuloksia. Tämän takia et ole oppinut tuntemaan keskittyneen mielen voimaa. Jos annat mutaisen veden seistä pitkään paikallaan, muta saostuu pohjalle ja vesi muuttuu kirkkaaksi. Kun meditaatiossa levottomien ajatustesi muta rupeaa asettumaan, Jumalan voima alkaa heijastua tajuntasi kirkkaisiin vesiin.

—〰—

Kuun heijastumaa ei voi nähdä selvästi tyrskyisestä vedestä, mutta kun veden pinta on tyyni, siihen ilmaantuu täydellinen kuun kuvajainen. Samoin on mielen laita: kun se on tyyni, näet kirkkaan heijastuman, sielusi kuukasvot. Sieluna olet Jumalan heijastuma. Kun meditaatiotekniikoiden avulla vedämme levottomat ajatukset pois mielen järvestä, koemme sielumme, Hengen täydellisen heijastuman, ja oivallamme että sielu ja Jumala ovat Yksi.

TUNNE RUKOUKSEN LÄHETTÄMISEN JA JUMALAN VASTAUKSEN SAAMISEN TIEDE

Levoton mieli ei pysty välittämään rukouksia Jumalalle, samoin kuin rikkinäinen mikrofoni ei voi lähettää viestiä.

—∞—

Korjaa mentaalista mikrofoniasi käyttämällä taitavasti meditaatiotekniikkoja. Kun olet levollinen, mielesi mikrofoni on toimintakunnossa, ja silloin voit lähettää tärkeimmän rakkausvaatimuksesi: "Isä, opeta minua jälleen oivaltamaan, että Sinä ja minä olemme Yksi." Ääneen, sitten kuiskaten, ja lopuksi vain hiljaa mielessäsi toista: "Isä, Sinä ja minä olemme yhtä."

—∞—

Vaikka Jumala ei näyttäisikään vastaavan, älä luovuta parin yrityksen jälkeen. Et voi saada vastausta keneltäkään vain sanomalla jotain mikrofoniin ja juoksemalla heti pois. Älä siis lopeta muutaman mentaalisen lähetyksesi jälkeen. Jatka hiljaista puhumista Jumalalle tietoisesti paneutuen, innostuneesti, aina vain syvemmin Häntä sydämestäsi kaivaten.

Rukoile viisaasti ja täydestä sielustasi, älä ääneen vaan mentaalisesti, äläkä kerro muille mitä sinussa sisäisesti tapahtuu. Rukoile äärimmäisellä antaumuksella ja tiedä: Jumala kuuntelee jokaista sanaa, joka virtaa sydämestäsi.

Jos et toistuvien yrityksien jälkeenkään tapaa Jumalaa tai kuule Hänen koputtavan sydämesi oveen, älä lannistu. Olet paennut Häntä pitkään, piileksinyt aistien rämeissä. Villien intohimojesi melu ja raskaiden pakoaskeltesi kaiku aineen maailmassa ovat estäneet sinua kuulemasta sisältäsi Hänen kutsuaan. Pysähdy. Tyynny. Rukoile sitkeästi, ja hiljaisuudesta ilmaantuu Jumalainen Läsnäolo.

Tuntiessasi ilon puhkeavan ja laajenevan sydämessäsi ja koko kehossasi ja ilon jatkaessa kasvamistaan meditaation jälkeenkin olet saanut varman todisteen: Jumala on vastannut sydämesi radion kautta, kun se oli virittäytynyt antaumukseen. Sekä tunteen keskuksen, sydämen, että järjen keskuksen, mielen, täytyy olla ehdottoman keskittyneitä, jotta mielesi radio tavoittaisi yhteyden Jumalaan ja saisit vastauksen Häneltä.

Mitä pitempään ja syvemmin meditoit ja rukoilet Häntä, sitä selvemmin ja tietoisemmin tunnet yhä laajenevaa sydämen iloa. Silloin ymmärrät ilman epäilyksen häivää, että Jumala on olemassa ja että Hän on ikuisesti olemassa oleva, ikuisesti tietoinen, kaikkialla läsnä oleva, ikuisesti uusi Ilo. Tuolloin voit pyytää Häneltä: "Isä, nyt, tänään, kaikkina päivinä, jokaisena huomispäivänä, jokaisena hetkenä, unessa, valveilla, elämässä, kuolemassa, tässä maailmassa ja tuonpuoleisessa, pysy Sinä luonani sydämeni Ilona, joka tietoisesti vastaa minulle."

Rukoiltuasi pyydä kehon parantumista, varallisuutta tai mitä tahansa ajallista apua, jota harkintasi ja viisautesi mukaan tarvitset.

Rukoile, kunnes Hän vastaa ymmärrettävällä kielellään: antamalla sinun kokea rajatonta iloa, joka pursuaa kehosi jokaisesta solusta ja jokaisen ajatuksesi lävitse, tai paljastamalla sinulle totuudenmukaisissa näyissä, kuinka sinun tulee toimia. Rukoile lakkaamatta, kunnes olet ehdottoman varma jumalallisesta yhteydestä. Esitä sitten fyysiset, mentaaliset tai hengelliset tarpeesi Kaikkein Korkeimmalle, ja vaadi niiden täyttymistä jumalallisena synnyinoikeutenasi.

OSA

III

Selvitä, minkä puolesta
rukoilet

MIKÄ ON PARAS RUKOUS?

Sano Herralle: "Ole hyvä, ja ilmaise minulle Sinun tahtosi." Älä sano: "Minä tahdon tätä ja minä tahdon tuota." Usko, että Hän tietää mitä sinä tarvitset. Olet huomaava, että saat paljon parempaa, kun Hän tekee valinnat.

—⁂—

Harkitse rehellisesti, onko rukouksesi kohde sopiva vai ei. Älä pyydä Jumalalta sellaista, joka on täysin mahdotonta elämän luonnollisessa kulussa. Pyydä vain sitä, mikä on aidosti välttämätöntä. Ja ymmärrä ero "välttämättömien välttämättömyyksien" ja "tarpeettomien välttämättömyyksien" välillä. – – Luovu halustasi saada tarpeetonta omaisuutta. Keskity vain todellisiin tarpeisiisi. Suurin tarpeesi on Jumala. Hän antaa sinulle sekä "välttämättömät välttämättömyytesi" että "tarpeettomat välttämättömyytesi". Hän tyydyttää jokaisen toiveesi, kun olet yhtä Hänen kanssaan. Villeimmätkin unelmasi toteutuvat.

—⁂—

Tarvitset elämässäsi sitä, mikä auttaa sinua saavuttamaan tärkeimmän tavoitteesi. Se, mitä ehkä haluat mutta et tarvitse, saattaa johtaa sinut harhateille tuosta päämäärästä. Vain keskittymällä päämäärääsi ja antamalla kaiken palvella sitä, onnistut. Mieti, merkitseekö valitsemasi tavoitteen saavuttaminen menestymistä. Mitä menestys on? Jos olet terve ja varakas, mutta sinulla on vaikeuksia kaikkien (ja itsesikin) kanssa, elämäsi ei ole menestyksekäs. Olemassaolosta tulee turhaa, ellet pysty olemaan onnellinen. Jos varallisuus häviää, olet menettänyt vähän; jos terveys pettää, olet menettänyt enemmän; mutta jos mielenrauha katoaa, olet menettänyt suurimman aarteen.

MITÄ ENEMMÄN KESKITYT ULKONAISEEN, SITÄ ONNETTOMAMPI OLET

Muuli, joka kantaa kultasäkkiä selässään, ei tiedä kantamuksensa arvoa. Samoin ihminen on niin keskittynyt kompuroimaan elämänsä taakkojen alla toivoen vähäistä onnellisuutta tiensä päässä, että ei huomaa kantavansa itsessään sielun korkeinta ja ikuista autuutta. Hän etsii onnellisuutta ulkonaisesta eikä tajua, että hänellä olisi onnellisuuden rikkaus jo sisäisesti itsessään.

JUMALAA EI TARVITSE ANSAITA

Ulkoiset mukavuudet muuttuvat ajan oloon mielihyvän antajista taakoiksi, sillä niistä huolehtiminen on kovaa työtä. Joudut siis "maksamaan" kaikesta mitä saat, mutta et Jumalan tuntemisen onnellisuudesta. Sen saadaksesi sinun tarvitsee vain istua hiljaa ja pyytää sitä Taivaalliselta Isältäsi. Jos uskoisin, että minun täytyy ansaita Jumala, en yrittäisikään; Jumalan poikana minulla on oikeus tuntea Hänet. Jos pyydät tätä oikeuttasi Isältä, Hän antaa sen sinulle. Hän saapuu palvojiinsa, jotka sielun pohjasta pyytävät. Tätä Hän tahtoo.

"YLLÄPIDÄ ELÄMÄÄNI SINUN TAHTOSI MUKAAN"

Saamme kertoa Herralle, että tahdomme jotain. Mutta osoittaa suurempaa uskoa, jos yksinkertaisesti sanomme: "Taivaallinen Isä, tiedän, että Sinä ennakoit jokaisen tarpeeni. Ylläpidä elämääni Sinun tahtosi mukaan." Jos joku esimerkiksi haluaa autoa ja rukoilee tarpeeksi keskittyneesti saadakseen sen, hänen halunsa toteutuu. Mutta auton omistaminen ei ehkä ole hänelle parasta. Joskus Herra ei vastaa pieniin rukouksiimme, koska Hän aikoo antaa meille jotain parempaa. Luota enemmän Jumalaan. Usko että Hän, joka loi sinut, pitää elämäntarpeistasi huolta.

Kiihkeimmät rukouksesi ja halusi voivat olla joskus pahimpia vihollisiasi – tämä on tosiasia. Puhu Jumalalle vilpittömästi ja totuudenmukaisesti, ja anna Hänen päättää, mikä on sinulle hyväksi. Jos olet vastaanottavainen, Hän ohjaa sinua ja toimii kanssasi. Vaikka tekisit virheitä, älä pelkää. Turvaa uskoon. Usko, että Jumala on kanssasi. Anna tuon Voiman ohjata sinua kaikessa. Se ei petä.

RUKOILE JUMALALTA OHJAUSTA

Paras hetki rukoilla Jumalalta ohjausta on sen jälkeen, kun olet meditoinut ja tuntenut rauhan ja ilon sisimmässäsi; silloin olet saanut yhteyden Jumalaan. Jos koet, että sinulla on jokin tarve, voit esittää sen nyt Jumalalle ja kysyä Häneltä, olisiko sopivaa rukoilla sen puolesta. Jos tunnet sisimmässäsi, että tarpeesi on oikeutettu, rukoile: "Herra, Sinä tiedät, että tämä on tarpeeni. Käytän järkeäni, olen luova. Teen mitä vain, mikä on välttämätöntä. Pyydän Sinulta ainoastaan, että Sinä ohjaat tahtoani ja luovuuttani oikeaan, siihen mitä minun tulee tehdä."

ETSI HÄNEN OHJAUSTAAN SISIMMÄSTÄSI

Käänny Jumalan puoleen. Rukoile ja huuda Häntä, kunnes Hän osoittaa sinulle, kuinka Hänen lakinsa toimivat, ja niin kauan, että Hän ohjaa sinua. Muista: miljoonaakin pohdiskelua tärkeämpää on istua ja meditoida Jumalaa, niin että rauha valtaa sisimpäsi. Sen jälkeen sano Hänelle: "En pysty ratkaisemaan pulmaani yksin, vaikka ajattelisin lukemattomia ajatuksia. Mutta voin ratkaista ongelmani antamalla sen Sinuun käsiisi, pyytämällä ensin Sinun ohjaustasi, ja sitten päättävästi etenemällä pohtien eri mahdollisuuksia." Jumala tosiaan auttaa niitä, jotka auttavat itseään. Kun rukoiltuasi Jumalaa meditaatiossa mielesi on tyyni ja uskoa täynnä, pystyt näkemään ongelmaan ratkaisuja; ja koska mielesi on levollinen, osaat valita niistä parhaan. Seuraa tuota ratkaisulinjaa ja onnistut. Tämä on uskonnon tieteen soveltamista arkielämään.

"ETSIKÄÄ ENSIN JUMALAN VALTAKUNTAA, NIIN MYÖS KAIKKI TÄMÄ TEILLE ANNETAAN"

Useimmat päättelevät, että jos he ensin hankkivat varakkuutta ja aineellista turvaa, sitten he voivat ajatella Jumalaa. Mutta tuollainen viivyttely pyörittää ihmistä vain loputtoman tyydyttämättömyyden kehässä. Jumala on löydettävä ensin. Hän on elämäsi tärkein tarve, sillä Hän on pysyvän onnellisuuden ja turvan Lähde. Jos edes kerran koet Hänen läsnäolonsa, tiedät mitä tosi onnellisuus on. Ja jos edes kerran todella elät tämän yhteyden Jumalaan, tajuat että kun sinulla on Hänet, universumi on jalkojesi juurella. Jumala ylläpitää sinua, Hänen täytyy aina olla kanssasi.

—⚈—

Jos ajattelet Jumalaa syvimmässä meditaatiossa, jos rakastat Häntä koko sydämestäsi ja tunnet olevasi täysin rauhassa Hänen läsnäolossaan haluamatta mitään muuta, Jumalan magnetismi vetää puoleensa kaiken sen mistä olet unelmoinut – ja paljon muutakin. Jokaisella elämänalueella olen todistanut tämän totuuden: Jos rakastat Jumalaa Hänen itsensä takia etkä sen takia, mitä Hän voi antaa, ja jos olet yhtyneenä Hänen magnetismiinsa, tuo Jumalan voima lähtee sinun sydämestäsi ja mielestäsi ja pieninkin toiveesi vetää puoleesi toiveen toteutumisen. Jos rakastat Jumalaa ehdoitta, Hän pudottaa toisten aivoihin ajatuksia, ja he toimivat välineinä, niin että jopa lausumattomatkin toiveesi täyttyvät.

Jokainen rukouksesi ilmaisee halua. Mutta kun löydät Jumalan, kaikki halut katoavat, eikä ole enää syytä rukoilla. Minä en rukoile. Tämä saattaa kuulostaa oudolta, mutta kun rukoilun Kohde on aina kanssasi, ei ole enää syytä rukoilla. Häneen kohdistuvan halun tai rukouksen täyttyminen merkitsee ikuista iloa.

Sanon teille totuudenmukaisesti, että olen saanut vastaukset kaikkiin kysymyksiini – en ihmisiltä vaan Jumalalta. Hän *on*, Hän *on*. Hänen henkensä puhuu teille kauttani. Hänen rakkaudestaan minä kerron. Riemua riemun jälkeen! Hänen rakkautensa valtaa sielun kuin lempeä tuulenhenkäys. Päivin ja öin, viikko viikolta, vuosi vuodelta se kasvaa kasvamistaan; te ette tiedä, mihin se päättyy. Ja tätä te etsitte, jokainen teistä. Kuvittelette tahtovanne ihmisrakkautta ja varallisuutta, mutta näiden takana on teidän Isänne, joka kutsuu teitä. Jos oivallatte, että Hän on suurempi kuin kaikki Hänen lahjansa, te löydätte Hänet.

OSA

IV

Luo itsellesi selvä käsitys
Jumalasta

OIKEAN MENETELMÄN SOVELTAMISESTA SEURAA TIETEELLISESTI TULOKSIA

Kun tietää täsmälleen, kuinka ja koska rukoilla tarpeidensa luonteen mukaisesti, saa toivottuja tuloksia. Oikeiden menetelmien soveltaminen käynnistää sellaiset Jumalan lait, jotka johtavat tieteellisesti tuloksiin.

—w—

Ensin tulee olla oikea käsitys Jumalasta – idea, jonka avulla on mahdollista luoda suhde Häneen – ja sitten on meditoitava ja rukoiltava, kunnes tuo mentaalinen käsitys muuttuu tosiasialliseksi kokemukseksi.

—w—

MIKÄ JUMALA ON?

Jumala on Ikuinen Autuus. Hänen olemuksensa on rakkaus, viisaus ja ilo. Hän on sekä persoonaton että persoona, ja ilmaisee itsensä millä tavalla vain tahtookin. Hän ilmestyy pyhimyksille muodossa, jota kukin pitää rakkaimpana: kristitty näkee Kristuksen, Hindu Krishnan tai Jumaläidin ja niin edelleen. Palvojat, joille Jumala on persoonaton, kokevat Herran äärettömänä Valona tai ihmeellisenä Aum-äänenä, Alkusanana, Pyhänä Henkenä. Korkein ihmiselle mahdollinen kokemus on elää Autuus, johon sisältyvät täydellisesti kaikki muut Jumaluuden puolet: rakkaus, viisaus, kuolemattomuus. Mutta kuinka voisin välittää teille sanoin Jumalan olemuksen? Hän on ilmaisematon, sanoin kuvaamaton. Vain syvässä meditaatiossa voitte tuntea Hänen ainutlaatuisen olemuksensa.

—∞—

Moni ei tahdo ajatella Herraa persoonana; heistä antropomorfinen käsitys on liian rajoittava. He pitävät Jumalaa persoonattomana Henkenä, Kaikkiallisena Voimana, Älyllisenä Mahtina, jonka vaikutuksesta universumi on olemassa. Mutta jos Luojamme olisi persoonaton, kuinka Hän olisi luonut inhimillisiä olentoja? Me olemme persoonia, meillä on yksilöllisyys. Me ajattelemme, tunnemme, tahdomme, ja Jumala on antanut meille sekä kyvyn ymmärtää toisten ajatuksia ja tunteita että vastata niihin. Eihän Herralta itseltään varmastikaan puutu vastavuoroisuuden tajua, joka elähdyttää Hänen luomiaan ihmisiä. Taivaallinen Isämme voi luoda ja luo persoonallisen suhteen jokaiseen meistä, kun sallimme sen.

VOIT NÄHDÄ HÄNET TÄSTÄ ILLASTA LÄHTIEN, JOS KOKOAT MIELESI

Jokaisena lyhyenäkin vapaahetkenäsi syvennä mielesi ajattelemaan Häntä, Hänen äärettömyyttään. Puhu Hänelle tuttavallisesti. Hän on läheisistä läheisin, rakkaista rakkain. Rakasta Häntä, kuten saituri rakastaa rahaa, kuten kiihkomielinen rakastaa lemmittyään ja kuten hukkuva haluaisi hengittää. Kun kaipaat Jumalaa palavasti, Hän saapuu sinuun.

—⚬⚬⚬—

Viime kesänä pysähdyin erääseen luostariin ja tapasin siellä papin. Hän oli ihmeellinen sielu. Kysyin häneltä, kuinka kauan hän oli ollut hengellisellä tiellä munkkina. "Noin kaksikymmentäviisi vuotta", hän vastasi.

Kysyin sitten: "Näetkö Kristuksen?"

"En ansaitse sitä", hän vastasi. "Ehkä kuolemani jälkeen hän käy luonani."

"Ei", vakuutin hänelle, "voit nähdä hänet tästä illasta lähtien, jos kokoat mielesi." Kyyneleet tulvivat hänen silmiinsä, ja hän vaikeni. Sinun täytyy rukoilla intensiivisesti. Jos istut ja meditoit ilta illan jälkeen ja huudat Jumalaa, pimeys poltetaan pois, ja näet Valon tämän fyysisen valon takana, Elämän kaiken elämän takana, Isän kaikkien isien takana, Äidin kaikkien äitien takana, Ystävän kaikkien ystävien takana, Alkuaineen kaikkien alkuaineiden takana, Voiman kaikkien voimien takana.

OSA

V

Rukoile dynaamisella tahdonvoimalla

OIKEAAN RUKOUKSEEN SISÄLTYY TAHDONVOIMAA

Laiskat luulevat, että kunhan vain rukoilevat, Jumala kuulee ja täyttää heidän toiveensa. Mutta on käytettävä tahdonvoimaa ja pyrittävä virittämään se yhteen jumalallisen tahdon kanssa. Kun tahtosi kiertää jatkuvasti yhden päämäärän ympärillä, tahtosi muuttuu dynaamiseksi. Tämä on tahdonvoiman laatua, jollaista Jeesuksella ja kaikilla suurilla Jumalan pojilla on ollut.

Moni väittää, että tahtoa ei saisi käyttää olosuhteiden muuttamiseen, jotta ei puuttuisi Jumalan suunnitelmaan. Mutta miksi Jumala olisi antanut meille tahdon, ellemme saisi sitä käyttää? Tapasin kerran fanaatikon, joka selitti ettei usko tahdonvoiman käyttämiseen, koska se kasvattaa egoa. Minä sanoin: "Käytät juuri nyt paljon tahtoa vastustaaksesi minua! Käytät sitä puhuaksesi ja sinun on käytettävä tahtoasi, jotta voisit seistä, kävellä, syödä tai mennä elokuviin tai jopa paneutuaksesi nukkumaan. Sinä tahdot kaikkea mitä teet. Ilman tahdonvoimaa olisit mekaaninen olento." Ei Jeesus kieltänyt tahdon käyttämistä sanoessaan: "Mutta ei niin kuin minä tahdon, vaan niin kuin Sinä." Hän osoitti, että ihmisen täytyy muuntaa halujen hallitsema tahto Jumalan tahdoksi. Siksi oikea rukous ollessaan päättäväistä on tahtoa.

JATKUVAT MENTAALISET KUISKAUKSET KEHITTÄVÄT DYNAAMISTA VOIMAA TOTEUTTAA TAHTOSI

Jos tahdot nähdä jonkun elokuvan tai ostaa puvun tai auton, jota olet ihaillut, eikö mielesi taustalla – riippumatta siitä, mitä kulloinkin teet – pyörikin jatkuvasti ajatus: "Kuinka voin toteuttaa haluni?" Niin kauan kuin palava halusi on tyydyttämättä, mielesi ei lepää. Se toimii taukoamatta saadakseen haluamansa. – –

Mentaaliset kuiskaukset kehittävät dynaamista voimaa muuntaa aine tahtomaasi muotoon. Et uskokaan, kuinka valtava mielen voima on. Kun mielesi ja tahtosi ovat virittäytyneet yhteen Jumalallisen Tahdon kanssa, sinun ei tarvitse liikauttaa sormeasikaan ja silti kykenet muuttamaan tätä maailmaa. Jumalallinen laki toimii puolestasi. Kaikki elämäni pääasialliset menestykset on saavutettu tuollaisella Jumalan tahtoon virittäytyneellä tahdonvoimalla. Kun jumalallinen voimanlähde on toiminnassa, mitä vain toivonkin, sen on toteuduttava.

Käytä tahtoasi ja myönteisiä affirmaatioita, kunnes saat ajatukset toimimaan hyväksesi. Ajatus on koko luomakunnan kasvupohja: ajatus loi kaiken. Jos sovellat tätä totuutta lannistumattomalla tahdolla, voit materialisoida minkä ajatuksen tahansa. Mikään ei voi ehkäistä sitä. Tuollaisen valtavan ajatuksen voimalla Kristus loi uudestaan ristiinnaulitun ruumiinsa, ja sitä hän tarkoitti julistaessaan: "Niinpä minä sanon teille: Mitä ikinä te rukouksessa pyydätte, uskokaa, että olette sen jo saaneet, ja se on teidän."

—⚋—

Kaikkien saavutusten salainen tehdas piilee keskittyneessä, ulkomaailmasta irtautuneessa ajattelussa. Muista tämä. Kudo yhtä mittaa tuossa tehtaassa tahdollasi malleja voittaaksesi menestyksen tiellä olevat vaikeudet. Käytä tahtoasi jatkuvasti. Päivisin ja iltaisin sinulla on monet kerrat tilaisuus työskennellä tuossa tehtaassa, jos et tuhlaa aikaasi. Iltaisin vetäydyn maailman vaatimuksista ja olen yksin, täysin irti maailmasta; se on hävinnyt tyhjyyteen. Kun olen yksin tahdonvoimani kanssa, käännän ajatukseni haluttuun suuntaan, kunnes olen päättänyt mielessäni täsmälleen, mitä haluan tehdä ja kuinka sen teen. Sitten suuntaan tahtoni tarvittaviin toimiin, ja näin syntyy menestys. Tällä tavalla olen käyttänyt monet kerrat tahdonvoimaani tehokkaasti.

KUN "EN OSAA" JA "EN VOI" HÄVIÄVÄT MIELESTÄSI, JUMALALLINEN VOIMA SAAPUU

Sinun on uskottava mahdollisuuteen, että rukoilemasi toteutuu. Sinun on vahvistettava tahtoasi, jos haluat kodin mutta sanot mielessäsi: "Senkin haihattelija, ei sinulla ole varaa taloon." Kun "en osaa" ja "en voi" häviävät mielestäsi, jumalallinen voima saapuu. Kotitaloa ei pudoteta sinulle taivaasta. Sinun itsesi tulee käyttää jatkuvasti tahdonvoimaa rakentavaan toimintaan. Jos olet sitkeä etkä hyväksy epäonnistumista, tahdon kohteen täytyy aineellistua. Kun jatkuvasti käytät tahtoa ajatteluusi ja toimiisi, toivomasi on pakko toteutua. Vaikka maailmassa ei olisi mitään toivomasi mukaista, jos tahtosi on peräänantamaton, jollain tavoin haluttu tulos ilmaantuu. Tällaisessa tahdossa piilee Jumalan vastaus, sillä tahto on peräisin Jumalasta, ja jatkuva tahto on jumalallista tahtoa. Heikko tahto on kuolevaista tahtoa. Heti kun koettelemukset ja epäonnistumiset murtavat sen, se kadottaa yhteyden Äärettömyyden voimanlähteeseen. Mutta ihmistahdon takana on jumalallinen tahto, joka ei koskaan petä. Ei edes kuolemalla ole valtaa ehkäistä jumalallista tahtoa. Herra vastaa ehdottomasti rukoukseen, joka pohjaa jatkuvaan tahdonvoimaan.

"JOS JOKU SANOO TÄLLE VUORELLE: NOUSE PAIKALTASI..."

Kun päätät tehdä jotain hyvää, onnistut aikeessasi käyttämällä dynaamista tahdonvoimaa tavoitteesi saavuttamiseksi. Jos jatkat yrittämistä vaikeuksista huolimatta, Jumala luo keinot, joilla tahtosi saavuttaa oikean päämäärän. Tätä totuutta Jeesus tarkoitti lausuessaan: "Jos joku sanoo tälle vuorelle: 'Nouse paikaltasi ja paiskaudu mereen!', se myös tapahtuu, jos hän ei sydämessään epäile vaan uskoo, että niin käy kuin hän sanoo."

Tutki pyhimysten elämäkertoja. Se minkä seuraaminen on helppoa, ei ole Herran tie. Vaikea tie on Hänen! Pyhällä Franciscuksella oli enemmän vaikeuksia kuin voit kuvitellakaan, mutta hän ei antanut periksi. Tahdonvoimallaan hän ylitti yhden esteen kerrallaan ja yhtyi lopulta Universumin Hallitsijaan. Miksei myös sinulla olisi tuollaista päättäväisyyttä?

KUINKA TAHTOA KEHITETÄÄN

Tee joka päivä jotakin, joka on sinulle vaikeaa, ja koeta tehdä se. Vaikka epäonnistuisit viisi kertaa, yritä uudestaan. Ja kun olet onnistunut, keskitä tahtosi johonkin muuhun. Näin pystyt toteuttamaan yhä vaativampia tavoitteita. Tahto on sisäisen Jumalan kuvasi väline. Tahdossa piilee Hänen rajaton mahtinsa, mahti, joka hallitsee kaikkia luonnon voimia. Koska sinut on luotu Jumalan kuvaksi, Hänen voimansa on sinun voimasi, ja sen avulla voit toteuttaa toiveesi: pystyt luomaan menestystä, voit kääntää vihan rakkaudeksi. Rukoile, kunnes kehosi ja mielesi ovat täysin tahtosi alla, silloin saat Jumalalta vastauksen.

OLE TOSISSASI JUMALAN SUHTEEN

Useimmiten kyse on pelkästään toivomisesta, kun ihmiset haluavat parantua ja sanovat uskovansa, että Jumala voi heidät parantaa. Tosiasiassa he rukoilevat epäusko sydämessään tai turhuuden tuntein ajatellen, että ei Jumala heidän rukouksiaan kuitenkaan kuule, tai he rukoilevat mutta eivät odota saadakseen tietää, onko heidän rukouksensa tavoittanut Jumalan.

—⚜—

Pikkuhetken puhe Jumalalle ja sitä seuraava unohdus eivät koskaan vedä puoleensa Hänen vastaustaan. Jumala on "vaikeasti saatavissa", sillä kaikki eivät ole tosissaan Hänen suhteensa. Rukoustekniikka on yleensä tehoton, koska useimmiten rukous ei ole tarpeeksi syvä tai antaumuksellinen.

—⚜—

HUUDA, KUNNES JUMALÄITI SAAPUU

Rukous, jossa sielusi palaa halusta Jumalaan, on ainoa tehokas rukous. Joskus olet epäilemättä rukoillut noin: ehkä kaipasit jotain kiihkeästi tai tarvitsit välttämättä rahaa, ja silloin koko avaruus paloi halustasi. Tuolla tavalla sinun täytyy tuntea Jumalaa kohtaan.

Kun tiedät jonkin oikeaksi, miksi et tavoittelisi sitä? Miksi et huutaisi Herraa, kunnes taivaat järkkyvät rukouksistasi? – – Muista: tuhma lapsi saa äidin huomion. Kiltti vauva tyyntyy nopeasti leluilla, mutta tuhma haluaa vain äidin ja parkuu parkumistaan, kunnes tämä tulee.

KUTSU JUMALÄITIÄ SIELUSI POHJASTA

"Kutsu Äitiäni sielullasi, ei Hän enää piiloon jäädä voi." Sulje silmäsi, ajattele Jumalaa, ja kutsu Jumaläitiä sielusi pohjasta. Näin voit tehdä koska vain, missä vain. Vaikka tekisit mitä muuta tahansa, voit puhua mielessäsi Jumalalle: "Herrani, etsin Sinua. En tahdo mitään muuta kuin yksin Sinut. Tahdon olla aina kanssasi. Loit minut kuvaksesi ja kotini on luonasi. Sinulla ei ole oikeutta pitää minua loitolla. Olen ehkä tehnyt väärin – kosmisen näytelmäsi harhat ovat minut vietelleet – mutta koska olet Äitini, Isäni, Ystäväni, tiedän, että annat anteeksi ja otat minut takaisin. Tahdon päästä kotiin. Tahdon Sinun luoksesi."

―✍―

Joka ilta istuutuessasi meditoimaan rukoile Jumalaa lakkaamatta. Revi hiljaisuutta kaipuullasi. Huuda Jumalaa, kuten kutsuisit äitiäsi tai isääsi: "Missä olet? Sinä loit minut. Sinä annoit minulle järjellisyyden, jotta voin etsiä Sinua. Sinä olet kukissa ja kuussa ja tähdissä. Mutta täytyykö Sinun pysyä piilossa? Saavu minuun. Sinun täytyy! Sinun täytyy!" Syvästi keskittyen ja koko sydämesi rakkaudella revi repimästä päästyäsikin hiljaisuuden verhoja. Kuten jatkuva kirnuaminen tuottaa maidosta voita, kirnua sinä eetteriä antaumuksesi männällä ja saat esille Jumalan.

PYYDÄ KOKO SYDÄMESTÄSI, YHÄ UUDESTAAN

Älä hellitä ennen kuin Hän vastaa. Pyydä koko sydämestäsi yhä uudestaan: "Paljasta Itsesi! Paljasta Itsesi! Tähdet voivat hajota, maa hävitä, mutta yhä sieluni huutaa Sinulle: 'Paljasta Itsesi!'" Hänen sitkeä hiljaisuutensa murtuu, kun perään antamatta vasaroit sitä rukouksillasi. Lopulta Hän ilmaisee itsensä kuin näkymätön maanjäristys. Hiljaisuuden muurit, jotka ovat pitäneet tajuntasi vesiä loitolla, vapisevat ja sortuvat. Tunnet virtaavasi joen tavoin Mahtavaan Mereen ja sanot Hänelle: "Olen nyt yhtä kanssasi; se mitä Sinulla on, on minullakin."

OSA

VI

Palaa sisäiseen pyhäkköösi

SIELUN HILJAISUUDESSA

Kun Jumala ei vastaa rukouksiisi, syy on siinä, että et ole tosissasi. Jos tarjoat Hänelle kuivia jäljitelmärukouksia, et voi odottaa saavasi Taivaallisen Isän huomiota. Ainoa tapa saavuttaa Jumala rukouksen avulla on rukoilla päättävästi, säännöllisesti ja tosissaan. Puhdista mielesi kaikesta kielteisyydestä, kuten pelosta, huolesta, vihasta, ja anna sen täyttyä rakkauden, palvelun ja iloisen odotuksen ajatuksilla. Sydämen temppelissä tulee olla pyhitettynä yksi voima, yksi ilo, yksi rauha – Jumala.

Elämämme monien kokemusten kautta Jumala äärettömässä armossaan antaa meille ilonsa, innoitteensa, toden elämän, oikean viisauden, todellisen onnellisuuden ja ymmärryksen. Mutta Jumalan ihanuus paljastuu vain sielun hiljaisuudessa. – –

Mitä enemmän keskityt ulkonaiseen, sitä vähemmän tunnet sisäistä ihanuutta, jota Hengen ikuinen riemu suo. Mitä enemmän keskityt sisäiseen, sitä vähemmän sinulla on ulkonaisia vaikeuksia.

Vain yksikin ajatus voi pelastaa sinut. Et tajua, kuinka tehokkaasti ajatuksesi toimivat eetterissä.

Jokainen ajattelemamme ajatus käynnistää jonkin erityisen värähtelyn. – – Kun lausut mielessäsi sanan "Jumala" ja toistat sitä hiljaa jatkuvasti, syntyy värähtelyä, joka vetää puoleensa Jumalan läsnäolon.

Kyllästä kaikki Jumala-ajatuksin. Oivalla, että kaiken olemassaolon keskipiste on Jumala.

Häntä ei voi koskaan lahjoa, mutta Häntä koskettaa vilpittömyys, keskittyneisyys, antaumus, päättäväisyys ja usko.

HEITÄ KOKONAAN MIELESTÄSI EPÄILYS, ETTEI JUMALA VASTAISI

Sinun täytyy heittää mielestäsi kaikki epäilykset, että Jumala ei vastaisi. Useimmat jäävät vaille vastausta juuri epäuskonsa takia. Jos olet ehdottomasti päättänyt saavasi jotain, mikään ei voi sinua pysäyttää. Vasta kun annat periksi, olet tuominnut itsesi. Menestynyt ei tunne sanaa "mahdoton".

OLE KÄRSIVÄLLINEN JA USKO, KUN RUKOILET

Oletetaan, että sinulla on kiinnelaina kotiisi etkä pysty hoitamaan sitä, tai että tahdot jonkin työpaikan. Kun olet meditoinut syvästi ja olet sen jälkeen tyyni, keskity ajattelemaan tarvettasi peräänantamattomalla tahdolla. Älä pyri seuraamaan mahdollisia tuloksia. Jos istutat siemenen maahan ja nostat sen vähän väliä ylös nähdäksesi kasvaako se, se ei koskaan idä. Vastaavasti, jos joka kerran rukoillessasi odotat Herralta merkkiä, että Hän täyttää toiveesi, mitään ei tapahdu. Älä koskaan yritä koetella Jumalaa testein. Rukoile vain lakkaamatta. Velvollisuutesi on tuoda tarpeesi Jumalan tietoon ja tehdä oma osuutesi auttaaksesi Jumalaa, niin että toiveesi toteutuu. Esimerkiksi, jos kyse on kroonisesta sairaudesta, tee parhaasi tervehtymisen puolesta mutta muista, että viime kädessä vain Jumala voi auttaa. Pidä tuo ajatus mukanasi joka ilta meditoidessasi, ja rukoile päättäväisesti; eräänä päivänä huomaat äkkiä, että sairaus on poissa.

Kun olet istuttanut vaatimussiemenen uskosi maaperään, älä kaiva sitä ylös vähän väliä tutkiaksesi sitä, tai se ei koskaan pääse tuottamaan satoa. Istuta vaatimussiemenesi uskoen, ja kastele sitä päivittäin toistuvilla oikeilla vaatimusmenetelmillä. Älä koskaan lannistu, vaikka tuloksia ei välittömästi seuraisikaan. Pysy lujana vaatimuksissasi ja saat takaisin kadonneen jumalallisen perintösi; silloin ja vasta silloin Suuri Tyydytys käy sydämeesi. Vaadi, kunnes olet saavuttanut jumalalliset oikeutesi. Vaadi lakkaamatta sitä, mikä sinulle kuuluu, ja saat sen.

—⁕—

Jopa todelliset palvojat luulevat joskus, että Jumala ei vastaa heidän rukouksiinsa. Hän vastaa hiljaisesti lakiensa välityksellä, mutta ennen kuin Hän on täysin varma palvojastaan, Hän ei vastaa avoimesti: Hän ei puhu palvojalleen. Maailmankaikkeuksien Herra on niin nöyrä, että pysyy vaiti jättääkseen palvojalleen vapaan tahdon valita tai hylätä Hänet. On aivan varmaa, että kun kerran tunnet Hänet, rakastat Häntä. Kuka voisi vastustaa vastustamatonta? Mutta tunteaksesi Jumalan sinun on todistettava ehdoton rakkautesi Häneen. Sinulla täytyy olla uskoa. Sinun täytyy *tietää*, että rukoillessasi Hän kuuntelee sinua. Silloin hän ilmaisee itsensä sinulle.

SISÄISEN HILJAISUUDEN LUOLASTA LÖYDÄT VIISAUDEN LÄHTEEN

Mieleltään lannistumaton löytää Jumalan sydämensä temppelistä. Mitä tahansa vaikeuksia sinulla onkin, voit etsiä Jumalaa sydämesi salaisesta pyhäköstä ja voit rakastaa Häntä kaikesta sydämestäsi. Vetäydy velvollisuuksiesi lomassa lyhyinäkin hetkinä sisäiseen rauhan luolaan. Ihmisten seurasta et löydä hiljaisuutta. Etsi mahdollisuuksia yksinoloon, ja sisäisen hiljaisuuden luolasta olet löytävä viisauden lähteen.

LÖYDÄ PYHÄKKÖ HILJAISUUDEN SISÄISESTÄ TEMPPELISTÄ

Ole hiljaa ja tyyni joka ilta ennen nukkumaan menoa vähintään puoli tuntia – mieluummin paljon pitempään – ja jälleen aamulla ennen kuin aloitat päivän toimet. Näin sinuun vakiintuu luja ja murtumaton sisäinen tottumus olla onnellinen, niin että pystyt kohtaamaan kaikki arkisen elämäntaistelun rasitukset. Etsi jokapäiväisten tarpeittesi tyydytystä tuo pysyvä onnellisuus sisimmässäsi.

—⚜—

Missä mielesi askartelee, siellä vietät aikaasi.

—⚜—

Kun huolten, sairauden ja kuoleman tiikerit jahtaavat sinua, ainoa pyhäkkösi on sisäinen hiljaisuuden temppeli. Hengellisesti syvällinen elää päivin ja öin sielun tyynessä hiljaisuudessa, minne eivät uhkaavat huolet eikä edes toisiinsa törmäävien maailmojen jyske yllä. – –

Ihmiskielin ei voi kertoa, mikä ilo odottaa löytämistään mielesi porttien takana, hiljaisuudessa. Mutta sinun tulee vakuuttautua, sinun tulee meditoida ja luoda tuo hiljaisuuden tila. Ne, jotka meditoivat syvästi, tuntevat ihanaa sisäistä hiljaisuutta. Tämä sielun rauha tulee säilyttää jopa toisten seurassa. Siirrä meditaatiosi anti myös toimintaasi ja keskusteluihisi; älä anna kenenkään vetää sinua pois tuosta tyyneydestä. Takerru rauhaasi. – – Ota Jumala vastaan heränneellä intuitiollasi hiljaisuuden sisäisessä temppelissä.

Jumala on jokaisen sydämessä ja sielussa. Ja kun avaat sydämesi salaisen temppelin, luet elämän kirjaa sielun kaikkitietävällä intuitiolla. Silloin ja vain silloin kosketat elävää Jumalaa ja tunnet, että Hän on oman olemuksesi ydin. Ilman tätä sydämesi tunnetta et saa vastausta rukouksiisi. Voit vetää puoleesi sen, mitä ansiokas toimintasi ja hyvä karmasi sallivat, mutta tietoisen vastauksen saaminen Jumalalta edellyttää, että ensin virittäydyt yhteen Hänen kanssaan.

UPPOA JUMALAN RAUHAAN

Kutsu mielessäsi Jumalaa koko sydämesi kiihkolla ja vilpittömyydellä. Pyydä Häntä hiljaisuuden temppelissä tulemaan, ja syvässä meditaatiossa löydä Hänet autuuden temppelistä. Laula Jumalalle uskoen, että Hän on läsnä. Ajatuksin ja tuntein lähetä Hänelle rakkautesi koko sydämestäsi, mielestäsi, sielustasi ja voimastasi. Koe sielusi intuitiolla Jumalan ilmestyminen, kun se murtautuu levottomuutesi pilvien läpi suurena rauhana ja ilona. Rauha ja ilo ovat Jumalan ääniä, jotka ovat pitkään nukkuneet tietämättömyytesi kätköissä, laiminlyötyinä ja unohdettuina inhimillisten intohimojen meluun.

Jumalan valtakunta on heti suljettujen silmien pimeyden takana, ja ensimmäinen portti, joka siihen aukeaa, on rauhasi. Hengitä ulos ja rentoudu. Tunne kuinka tämä rauha leviää kaikkialle, sisällesi ja ympärillesi. Uppoa tuohon rauhaan.

Hengitä syvään sisään. Hengitä ulos. Unohda nyt hengityksesi. Toista jäljessäni:

"Isä, maailman ja taivaiden äänet ovat vaienneet. Olen hiljaisuuden temppelissä. Ikuinen rauhan valtakuntasi levittäytyy katseeni eteen, kerros kerrokselta. Pysyköön avoimena minussa tämä ääretön, niin kauan pimeyteen kätkeytynyt valtakunta. Rauha valtaa kehoni, rauha täyttää sydämeni, rauha asuu rakkaudessani. Rauha sisälläni, ympärilläni, kaikkialla. Jumala on rauha. Olen Hänen lapsensa. Olen rauha. Jumala ja minä olemme yhtä."

TODELLINEN KOTISI ON JUMALASSA

Kun olemme virittäytyneet yhteen Jumalan kanssa, kuulemme Hänen äänensä: "Olen rakastanut sinua kaikkina aikoina, rakastan sinua nyt ja olen rakastava sinua, kunnes saavut kotiin. Tiedät tai et, rakastan sinua aina."

Hän puhuu meille hiljaisuudessa ja kehottaa meitä palaamaan kotiin.

Et voi epäonnistua, lopulta saavutat Jumalan. On hassua kysyä: "Pystynkö pääsemään taivasten valtakuntaan?" Ei ole olemassa mitään muuta paikkaa, johon voisit jäädä, sillä tuo on todellinen kotisi. Sinun ei tarvitse ansaita sitä. Sinä olet jo Jumalan lapsi, Hänen kuvakseen luotu. Sinun täytyy vain repiä irti ihmisolennon naamiosi ja oivaltaa jumalallinen synnyinoikeutesi.

HILJAISUUDEN TEMPPELISSÄ HÄN ANTAA ITSENSÄ SINULLE LAHJAKSI

Te olette kaikki jumalia, jos vain tietäisitte sen. Jumalan läsnäolon meri on myös sinun tajunta-aaltosi pohja. Sinun on etsittävä sisältäpäin. Älä keskity pieneen aaltoon, kehoon ja sen heikkouksiin. Katso syvemmälle. Sulje silmäsi ja näet kaikkiallisuuden edessäsi ja minne vain katsotkin. Olet tuon avaruuskehän keskuksessa, ja kun kohotat tajuntasi kehostasi ja sen kokemuksista, oivallat tuon avaruuden olevan täynnään suurta iloa ja autuutta, joka sytyttää tähdet ja antaa voiman tuulille ja myrskyille. Jumala on jokaisen ilomme ja kaikkien luonnonilmiöiden lähde. – –

Herää tietämättömyyden hämärästä. Olet sulkenut silmäsi harhan uneen. Herää! Avaa silmäsi ja näe Jumalan kirkkaus. Mikä valtava näky: Jumalan valo lankeaa kaiken ylle. Kehotan teitä olemaan jumalallisia realisteja, ja Jumalassa saatte vastaukset kaikkiin kysymyksiin. – –

Sinun on vaadittava takaisin jumalallinen

synnyinoikeutesi. Jatkuvalla rukouksella, rajattomalla päättäväisyydellä ja herkeämättömällä Jumalan kaipuulla saat Hänet rikkomaan lujan hiljaisuuslupauksensa, niin että Hän vastaa sinulle.

Ennen kaikkea, hiljaisuuden temppelissä Hän antaa itsensä sinulle lahjaksi.

JOKAISEN SYDÄMEN TÄRKEIN RUKOUS

Jumala on todellinen, ja Hänet voi löytää tämän elämän aikana. Ihmiset rukoilevat ja pyytävät kaikenlaista, kuten rahaa, mainetta ja terveyttä. Mutta ensisijalla jokaisen sydämessä tulisi olla rukous saada tuntea Jumalan läsnäolo. Taivaltaessasi elämän polkua sinun täytyy hiljaa ja varmasti oivaltaa, että Jumala on ainoa päämäärä, joka antaa tyydytyksen, sillä Jumalassa on vastaus kaikkiin sydämen toiveisiin. – –
Sielusi on Jumalan pyhä temppeli. Kuolevaisuuden pimeä tietämättömyys ja rajoitukset täytyy ajaa pois tuosta temppelistä. On ihanaa elää sielun linnassa, vahvana!
Älä pelkää mitään. Elä tässä maailmassa vihaamatta ketään, rakastaen kaikkia, tuntien Jumalan rakkautta, nähden Hänen läsnäolonsa jokaisessa ja vain yhtä toivoen – että Hänen läsnäolonsa pysyisi aina tajuntasi temppelissä.

KIRJOITTAJASTA

PARAMAHANSA YOGANANDAA (1893-1952) pidetään laajalti oman aikamme yhtenä suurimmista hengellisistä hahmoista. Hän oli syntynyt Pohjois-Intiassa ja saapui vuonna 1920 Yhdysvaltoihin, jossa opetti yli kolmenkymmenen vuoden ajan Intian ikivanhaa meditaation tiedettä ja tasapainoista hengellistä elämää. Tunnustusta saaneessa elämäkerrassaan, *Autobiography of a Yogi (Joogin omaelämäkerta)*, sekä monissa muissa kirjoissaan Paramahansa Yogananda on tutustuttanut miljoonat lukijat idän ikuiseen viisauteen. Hänen läheisimpiin oppilaisiinsa lukeutuvan Sri Mrinalini Matan ohjauksessa hänen hengellinen ja humanitaarinen työnsä jatkuu kansainvälisessä Self-Realization Fellowship -järjestössä, jonka hän perusti 1920 levittämään opetuksiaan maailmanlaajuisesti.

SELF-REALIZATION FELLOWSHIPIN JULKAISUJA

Saatavana kirjakaupoista tai suoraan kustantajalta:

Self-Realization Fellowship
3880 San Rafael Avenue
Los Angeles, California 90065-3219, U.S.A.
Puh +1 323 225-2471 • Fax +1 323 225-5088
www.yogananda-srf.org

PARAMAHANSA YOGANANDAN SUOMEKSI KÄÄNNETTYJÄ KIRJOJA

Joogin omaelämäkerta

Saatavana myös Basam Books -kustantamosta
www.basambooks.com

Onnistumisen laki

Paramahansa Yoganandan sanontoja

Sielun pyhäkössä

Vahvistavien parannuslauseiden tiede

PARAMAHANSA YOGANANDAN ENGLANNINKIELISIÄ KIRJOJA

Autobiography of a Yogi

The Second Coming of Christ:
The Resurrection of the Christ Within You
Inspiroitu kommentaari Jeesuksen alkuperäisistä opetuksista.

God Talks with Arjuna: The Bhagavad Gita
Uusi käännös ja kommentaari.

Man's Eternal Quest
Paramahansa Yoganandan koottujen luentojen
ja puheiden ensimmäinen osa.

The Divine Romance
Paramahansa Yoganandan koottujen luentojen,
puheiden ja esseiden toinen osa.

Journey to Self-realization
Paramahansa Yoganandan koottujen luentojen
ja puheiden kolmas osa.

Wine of the Mystic:
The Rubaiyat of Omar Khayyam —
A Spiritual Interpretation
Inspiroitu kommentaari, joka tuo päivänvaloon jumalayhteyden mystisen tieteen Rubaijatin arvoituksellisen kuvaston takaa.

Where There Is Light
Insight and Inspiration for Meeting Life's Challenges
Innoitusta elämän haasteiden ymmärtävään kohtaamiseen.

Whispers from Eternity
Kokoelma Paramahansa Yoganandan rukouksia ja jumalallisia kokemuksia korkeissa meditaatiotiloissa.

The Science of Religion

The Yoga of the Bhagavad Gita:
An Introduction to India's Universal Science of God-Realization

The Yoga of Jesus:
Understanding the Hidden Teachings of the Gospels

In the Sanctuary of the Soul:
A Guide to Effective Prayer

Inner Peace:
How to Be Calmly Active and Actively Calm

To Be Victorious in Life

Why God Permits Evil and How to Rise Above It

Living Fearlessly:
Bringing Out Your Inner Soul Strength

How You Can Talk With God

Metaphysical Meditations
Yli kolmesataa hengellisesti kohottavaa meditaatiota, rukousta ja affirmaatiota.

Scientific Healing Affirmations
Paramahansa Yoganandan perusteellinen selostus vahvistavien parannuslauseiden tieteestä.

Sayings of Paramahansa Yogananda
Kokoelma Paramahansa Yoganandan lausumia ja viisaita neuvoja, hänen vilpittömiä ja rakastavia vastauksiaan niille, jotka tulivat hakemaan häneltä opastusta.

Songs of the Soul
Paramahansa Yoganandan mystistä runoutta.

The Law of Success
Selittää ne dynaamiset periaatteet, joita noudattamalla on mahdollista saavuttaa tavoitteensa elämässä.

Cosmic Chants
Kuudenkymmenen antaumuksellisen laulun sanat ja melodiat. Johdannossa Paramahansa Yogananda selittää, miten hengellinen laulu voi johtaa jumalayhteyteen.

PARAMAHANSA YOGANANDAN ÄÄNITTEITÄ

Beholding the One in All

The Great Light of God

Songs of My Heart

To Make Heaven on Earth

Removing All Sorrow and Suffering

Follow the Path of Christ, Krishna, and the Masters

Awake in the Cosmic Dream

Be a Smile Millionaire

One Life Versus Reincarnation

In the Glory of the Spirit

Self-Realization: The Inner and the Outer Path

MUITA SELF-REALIZATION FELLOWSHIPIN JULKAISUJA

Täydellinen luettelo Self-Realization Fellowship -julkaisuista sekä ääni- ja videotallenteista on saatavana pyydettäessä.

Swami Sri Yukteswar:
The Holy Science

Sri Daya Mata:
Only Love:
Living the Spiritual Life in a Changing World

Sri Daya Mata:
Finding the Joy Within You:
Personal Counsel for God-Centered Living

Sri Gyanamata:
God Alone:
The Life and Letters of a Saint

Sananda Lal Ghosh:
"Mejda":
*The Family and the Early Life
of Paramahansa Yogananda*

Self-Realization
(Paramahansa Yoganandan vuonna 1925 perustama, neljä kertaa vuodessa ilmestyvä lehti)

SELF-REALIZATION FELLOWSHIPIN
OPETUSKIRJEET

Paramahansa Yoganandan opettamia tieteellisiä meditaatiotekniikoita – *kriya*-jooga mukaan lukien – sekä ohjeita tasapainoisen hengellisen elämän kaikille alueille esitetään opetuskirjeissä, Self-Realization Fellowship Lessons. Tarkempaa tietoa löytyy ilmaiseksi saatavasta kirjasesta "Undreamed-of Possibilities", jota on englanniksi, espanjaksi ja saksaksi.

www.ingramcontent.com/pod-product-compliance
Lightning Source LLC
Chambersburg PA
CBHW020008050426
42450CB00005B/367